Dewdrops of Wisdom

荷歐波諾波諾經典語錄

莫兒娜、修藍博士、KR 女士——著
賴庭筠——譯

本書是已故的夏威夷州寶莫兒娜女士，將傳統荷歐波諾波諾療法轉化爲適合所有國家、時代、年齡與性別的人都可以運用的一種問題解決法，也就是荷歐波諾波諾回歸自性法初期，由莫兒娜女士、修藍博士、ＫＲ女士三人共同寫下的文字。

「我」，包含了到目前為止我體驗過的所有情感、說的話，以及所有好的、壞的行為加總。

如果我們確實了解自己至今體驗的人生、當下做出的每個選擇，都受控於過去的記憶時，我們將會看見前所未見的世界。

當我們將「荷歐波諾波諾」，也就是讓內心歸零的方法，融入每天的生活方式中，就會看見自己、家庭、社會產生驚人的改變。

夏威夷州寶　莫兒娜・納拉瑪庫・西蒙那

作者簡介

莫兒娜．納拉瑪庫．西蒙那

Morrnah Nalamaku Simeona（1913-1992）

傳統醫療專家，被夏威夷選爲「人間州寶」。她將以往必須多人商談的傳統問題解決法「荷歐波諾波諾」發展成無須透過他人，任何人、在任何地方都可以自行解決問題的「荷歐波諾波諾回歸自性法」（SITH）。

著有《荷歐波諾波諾經典語錄》。

伊賀列阿卡拉．修．藍博士

Ihaleakala Hew Len, Ph.D.

將夏威夷傳統的問題解決法「荷歐波諾波諾回歸自性法」（SITH）推廣至世界的權威。曾在夏威夷州立醫院任職，治癒了醫院裡患有精神疾病的罪犯。目前以聯合國和聯合國教科文組織爲首，在世界各地從事相關演講、講座活動。

著有《零極限》《零極限之富在工作》《荷歐波諾波諾的幸福奇蹟》《內在小孩》《阿羅哈Aloha》《荷歐波諾波諾經典語錄》。

KR女士

Kamaile Rafaelovich, MBA, MAT

在全球的荷歐波諾波諾實踐者中，清理時間最長，是莫兒娜女士的頭號弟子。目前是SITH荷歐波諾波諾總部代表，在夏威夷經營不動產業，並爲實踐荷歐波諾波諾的個人或經營者提供諮詢和身體工作。

著有《零極限的美好生活》《內在小孩》《荷歐波諾波諾經典語錄》。

譯者簡介

賴庭筠

政大日文系畢業，現爲日文系助教，熱愛翻譯、撰稿等文字工作。堅信「人生在世，開心才是正途」。

CONTENTS

Forgive Me　I Am Sorry　I Love You　Thank You　Forgive Me　I Am Sorry　I Love You　Thank You　Forgive Me　I Love You　Thank You　Forgive Me　I Am Sorry

I Love You　Thank You　Forgive Me　I Am Sorry　I Love You　Thank You　Forgive Me　I Am Sorry　I Love You　Thank You　Forgive Me　I Am Sorry　I Love You　Thank You　Forgive Me　I Am Sorry　I Love You

CONTENTS

I Love You　Thank You　Forgive Me　I Am Sorry　I Love You　Thank You　Forgive Me　I Am Sorry　I Love You　Thank You　Forgive Me　I Am Sorry　I Love You　Thank You　Forgive Me　I Am Sorry　I Love You

Love You Thank You Forgive Me I Am Sorry I Love You Thank You Forgive Me I Am Sorry I Love You Thank You Forgive Me I Am Sorry I Love You Thank You Forgive Me I Am Sorry I Love You

〈前言〉

活出真正的自己，你就自由了

創造萬物的源頭，就存在我們內心的最深處。我們擁有一把鑰匙，可以讓生物、無生物等所有創造物平衡地存在，彷彿一切原本就是如此。只要我們願意，就可以使用這把鑰匙，創造平靜、理解、愛與豐盛。

我們要創造愛與平靜的第一個對象，是自己。接著是家庭，之後是社會、國家，還有地球、宇宙。

換句話說，如果我們不使用這把鑰匙，就無法體驗生命原本就圓滿，而絲毫不缺乏愛與平靜。然而，這把「鑰匙」是什麼呢？

那就是自性——眞正的自己。

一個人若不了解「眞正的自己」，他的身、心、靈都會感到迷惘、哀傷與痛苦。「我究竟是誰？」「何謂眞正的自己？」透過問自己這兩個問題，那個你從久遠以來就已然明白的生命意義與目的，想必會再次於內心深處跳動、呼喚著你。

這本《荷歐波諾波諾經典語錄》或許將成爲你和自己的生命意義相遇的契機，希望它甚至能成爲你體驗生命的呼吸與跳動的契機。這本書本身，就是生命，就是你。因爲它說的是你——生命的創造者，同時也是破壞者。

那麼，你究竟是誰？

你究竟是怎樣的存在？

你是生命之水，你是自創造之泉流淌而出的水滴，你是光之子，你是在遼闊宇宙中打從心底受到喜愛的閃亮星星，你是存在宇宙中所有原子、分子的兄弟姊妹。你的生命力，無法用一種限定的形式來呈現。

那就是你。

有時候你是強勁的生命力，讓松樹聳立於北美的洛磯山脈；有時候你是掀起隆隆巨響的能量，一口氣穿過夏威夷萬歲海岸的筒狀巨浪；有時候你是灑滿百慕達群島沙岸的亮光，於黎明時渲染上金黃色的寂靜。

那就是你。

所以，當你思考自己的存在，說不定會感到矛盾。爲什麼呢？因爲眞正的你，是有，也是無。你的自性存在於無限之中，不受限於時間與地點。

你就是「生命」本身，你就是不可或缺的存在。

只要你試著伸出雙手，就能感受到生命的源頭。只要你握住「我」的雙手，就能把自己交給生命的水滴演奏的美麗聲響與韻律。溫柔地把自己交出去，接受存在的源頭與你的意識合而爲一。

此時，你會明白自己爲什麼存在於現在、存在於這裡，你甚至會明白自己需要什麼，才能完成你存在的目的。事實上，除了你的本質，其他所有事物都與你的存在對立。那些事物會讓你的身心靈崩潰，變成痛苦，重重地壓著你。不過，只要你踏出一步，無論何時，你都能回到安詳之中。

希望這本書能成爲路標，讓你走在眞正的道路上，讓你是「眞正的自己」。

再說一次，你的存在是超越時間的永恆。

希望你能傾聽這本書傳達的聲音——讓你回到生命源頭的聲音。生命的源頭在永恆的岸邊，那裡超越了時空。只要抵達生命的源頭，不論現在或任何時候，你將永遠自由。

凝視內在——從「我」學到的一課

Introspection

面對自我，就是往內看，凝視自己的內在。
就像凝視鏡子裡的自己般，凝視自己的內在。
如果鏡子因爲傲慢、自尊而蒙上一層霧，
就無法看見眞正的自己。

我們因爲害怕看見自己，
穿上一層又一層的衣服。
當你脫掉所有又舊又硬的衣服，
面對全裸的自己，
「我」會告訴你一些事。

試著看看自己的內在。
試著脫掉穿舊的傲慢與名爲「人生」的衣服。
直接凝視鏡子映照的身影。
你應該會發現，那身影在慢慢變化。
當映照的身影改變，
你的身、心、靈也會慢慢變化。
試著更留意、更仔細去凝視
映照於心的變化。
爲什麼要如此呢？

理由之一是

爲了釋放眞正的自己，

我們必須抵達自己的內在，

移除生命路途中所有引領自己至今的堅固防線。

你的選擇

You Choose

能做選擇的人是你。
你選擇什麼？
人生中該選擇什麼？
答案非常簡單。
請用心的耳朵仔細傾聽，
接下來的話語。

你要做的只是
清理後，放下。
就是這麼簡單。

清理後，放下。
於是你就吸引、創造了——

愛、
平靜、
和諧、
永恆的存在。

你將圓滿，
絲毫沒有欠缺。

放下執著。

放下執著，會自動帶來

愛、平靜、和諧與永恆，
一切將在恰好的時機，
以完美的形式出現在你身邊。
你將透過完美的關係與一切連結。

因此，
放下，與「我」合而爲一，
一如你創始以來的樣貌。

自由

Freedom

生命的精髓是什麼？
自由！

想要自由，
必須從期待、評價、創傷和痛苦的記憶中解脫。
期待、評價、創傷和痛苦的記憶，全都是虛幻。
就像緊緊黏在完美那面大鏡子上的附著物一般。
無論現在或任何時候，你都是完美的存在。
你之所以感受不到完美，是因為你迷失了自由。

在我們互相給予的禮物中，
沒有比「自由」更有價値的事物。

爲什麼呢？
「自由」就是「愛」。
自由，表示因愛而圓滿的狀態。

當你放下至今對自己與他人抱持的評價與期待，
就能從充滿傷痕的痛苦記憶中解放，
也就能將自己交給大自然。

當你放下至今以爲是「自己」的殼，
你就能找回眞正的自己，
與宇宙合而爲一。

沒有比「愛」更容易被誤解的語言了。
如果沒有眞正的自己，就沒有愛。
「愛」是——
自然滿溢的，
跨越所有障礙的，
無限的。

如果你現在想要被愛，
你就要比任何人都早一步
給自己愛。
當你愛自己，
你就能跟所有生命連結，並合而爲一。

愛要如何傳達？

你是神聖的存有。

你原本就擁有自由。

每一個當下，你要如何、做些什麼……

你都可以自己選擇。

無論任何事，都操之於你。

「我」會接受一切。

你的選擇，

絕對不是由「我」決定的。

希望你明白，

你、我都是擁有自由意志的存在。

希望你明白，
神聖的存有——也就是「我」——就是愛。
希望你明白，
無論現在或任何時候，
我們永遠都是從零——一切源頭——的呼吸產生的。

自由的寶藏

Legacy of Freedom

你是否想要自由，
想要從生命的一切壓力中解脫？

想要自由，很簡單。
首先，你要選擇自由。

要怎樣選擇自由呢？
放下所謂的「社會」——從記憶創造的——價值觀，
就能自由。

你是否願意放下以往的堅持與執著？

如果不執著於財產或任何其他你擁有的事物，
你就自由了。
如果你讓自己自由，會發生什麼事？

選擇自由，又是怎麼一回事呢？

面對自己以外的存在時，你是否有心互相尊重，
不干涉，並給予自由？
你是否能夠放下對他人抱持的期待？
面對自己的小孩、
或任何對自己來說無可取代的存在，
你是否有心理準備，能夠放下自己的執著，給對方自由？

如果你要真正的自由，

就必須放下你背負的執著。

你放下了什麼？
眞的有心放下嗎？
可以放下評價、判斷、執著與期待嗎？
你是否已經下定決心，
放下自己想要控制人生的強烈欲望？

你還能放下什麼？

傲慢、意志、心智，都能自己放下嗎？
生命的本然運作，
不會束縛你、不會給你壓力。

壓力在哪裡？

壓力，在你的心智頭腦裡。

你眞的想要自由嗎？
若是如此，
就不要向外尋求自由。
現在這個當下，你必須最早解放的，
是你的心智，
是你的內在世界。

解放或束縛，
自由或不自由，
一切取決於你。

你眞的想要自由嗎？
若是，
你只需要做一件事——
放下每一個記憶，
放下深藏的傷痕與恐懼，
這一切都在你的心智頭腦裡。

自由，就是放下。
自由，就是往內看，看進你的心。
自由的眞正寶藏，就在你心中。

當你的內在獲得自由，
外在的你也能體驗自由。

當你的內在獲得自由，
你就能在一切裡看見自由。
當你的內在獲得自由，
你就能與「我」合而爲一。
自由，無處無時不在。

不朽的生命

Life Eternal

人若自由了，就能充分體驗生命。
這是每個人之所以擁有生命的意義。

完成你自己的生命目的吧！
你的目的，
是和宇宙合而爲一，
這是你的禮物。

請憶起，
你是萬有的一部分。
只要連結起來，

你就圓滿了，
整個宇宙都能爲你所用。

期待生命如人所願，
等於遠離宇宙。
生命不是用來操控的，
每個生命都有特定的目的。

操縱生命，
等於抗拒生命；
抗拒生命，
等於經驗死亡。
被操控的生命，無法不朽。

生命的不朽，
在於與宇宙的目的合而爲一，
只要合而爲一就圓滿了。

荒野的花朵、溫柔籠罩的早晨、黃昏的光輝……
這些可以被操控嗎？

所有的傷痛、敵意、憤怒等都是幻相，
它們只會讓你內在的生命停止流動。

任何存在、你，甚至是你身邊的人，
會出現在世上，都有特定的目的。
然而，你生命的目的是什麼，
只有「我」知道。

因此，
你不需受到外在事物的影響，
不需尋求他人的肯定。
尋求他人的認可，有如奔往死亡之道。

不要期待他人如你所願，
因爲你不知道他人的生命目的爲何。
期待他人如你所願，
就像把對方送上昔日的絞刑台一樣。

你們之中，從來不曾犯錯的、
不曾體驗過拒絕與怨恨的、不曾使用過暴力的人，
請先把想法施加在你們兄弟姊妹的身上。

不要審判你的鄰居，
因為審判只會置被審判的人和你自己於死地。

去除你眼中的塵埃，
則你將獲得自由。

這些從古流傳至今的話，
一直在對你說——

你每天都在選擇：
生或死，
愛或恨，
自由或審判。

每時每刻，
不是選擇生，
就是選擇死。

你是創造生命的藝術家嗎？
還是被迫在死亡台上演出的舞者呢？

希望你隨時都能仔細凝視自己的內在。
如此一來，一切都會變得明朗。
你在每個當下選擇的，
也會變得明朗。

你真正想要選擇的，

事實上永遠
都在你的內在閃閃發光。

由你自己選——
心靈自由，
或是靈魂凋亡？

自性

I-Dentity

你自誕生的伊始、
從遠古擁有「生命」的那一刻起，
就有了自性。
體驗「我是我」，
就是自性。

從你擁有自性開始，
你一次又一次地
重生；
一次又一次地
迎接肉身的死亡。

無論你是α星球的居民、
守護半人馬座四周的太空船隊長，
還是其他任何生命，
你歷經無數次的出生、死亡，再出生。

在重複的過程中，
你的意志做了所有選擇。

意志做出選擇造成的所有結果，
都會以回憶、情感、問題等形式，
積累於你的內在。

那就是當下這個瞬間，
你正在體驗的事物。

不只是你，
每個人都在當下這個瞬間，體驗過去的記憶。

過去發生的事——
有人體驗充滿創造力的豐盛與成長；
有人體驗破壞、混亂與爭執。
每個人都分別在當下這個瞬間，
再次體驗過去。

尤尼希皮里，是存在於你內在的小孩，也就是潛意識。
尤哈尼，是存在於你內在的母親，也就是意識。
奧瑪庫阿，是存在於你內在的父親，
也就是超意識，是沉睡於你內在的神性管道。

從你第一次
擁有生命的那個瞬間開始，
尤尼希皮里就記憶著
至今發生過的所有事、所有體驗過的情感。
尤尼希皮里擁有如星星般數量龐大的資訊，
並在每個瞬間播放。
你的情感、身體的疼痛、眼前發生的事，
全部都是尤尼希皮里播放的記憶。
然而，尤尼希皮里原本擁有的特殊才能，

是儲存宇宙的能量。

尤哈尼是你有覺知的意識，
原本應該隨時給予尤尼希皮里愛與關心、
不情緒化地提供他安全的指引與協助；
然而，你平時往往忽視尤尼希皮里的絕望與痛苦，
長久下來，
你內在的家庭就會發生問題。
痛苦不堪的尤尼希皮里，
會開始忽視母親尤哈尼，
爲了希望尤哈尼留意到他的痛苦，
而重複播放相同的記憶。
尤哈尼，也就是你，
幾乎都是透過疾病、金錢、人際關係等問題，

體驗尤尼希皮里播放的記憶。

奧瑪庫阿是存在你內在的父親，
也是唯一能直接與神性連結的神性管道。
充滿愛與關懷的奧瑪庫阿，守護著小孩尤尼希皮里。
奧瑪庫阿之所以會無條件地愛
尤尼希皮里與尤哈尼，
是因爲奧瑪庫阿曾經擁有尤尼希皮里與尤哈尼的經驗。
奧瑪庫阿無條件地尊重家人各自的選擇，
以不變的愛守護著家人。

想要平靜，就要讓我們內在的家庭，
也就是三個自己（Self）與神性連結。

三者與神聖創造者合一時，我們將和原本一樣圓滿，
我們將體驗到愛、平衡、和諧和平靜。

當你沒有與神聖創造者合而爲一，
也就是說，當你迷失眞正的自己，
就會體驗到壓力、不協調、疾病、痛心、失敗與自責。

當內在家庭合而爲一，
你內在的母親、小孩與父親相親相愛，
你就在神聖創造者的懷抱裡。
你就是「我」，
找回了眞正的自己。
找到了平靜，

這世上就沒有不是你的事物，
你也就自由了。

「我」的對話

Speaking of the Selves

尤尼希皮里，你在嗎？
我是尤哈尼。
漫長的幾億年來，
我一直忽視你，
讓你孤伶伶一個人，眞是對不起。
尤哈尼至今都沒有注意到你的聲音，
忽視你的聲音。
忽視你說：「嗨，看這邊，聽我說。」
這句話的聲音。

我是尤尼希皮里，

一直都在這裡。
儘管媽媽沒有注意到我，
將各式各樣的期待、欲望與執著加諸於我，
我全部接受並不斷累積，而且一直都在這裡。

我是尤哈尼。
我已經知道你的存在。
我終於發現你是無可取代的存在。
爲什麼如此重要？
這個問題的答案數也數不清。
「我之所以能是我」都是尤尼希皮里的功勞。
因爲有尤尼希皮里，才有「我」。

既然這樣，

爲什麼從前你總是忽視尤尼希皮里呢？
爲什麼不早點跟尤尼希皮里說話呢？

這個家庭是我的驕傲。
尤哈尼、尤尼希皮里、奧瑪庫阿三者合而為一，
手牽著手的這個家庭裡有愛。
當三者為一，
神性就會出現在所有事物中。

尤尼希皮里，
我忽視你這個小孩，
好長一段時間，
都沒有愛你、照顧你。

現在，尤尼希皮里因為混亂，把自己隱藏起來了，
無法好好溝通，
這也是沒辦法的事。
尤哈尼，你要為至今對尤尼希皮里做的事，
好好和他談談，表示歉意，請求原諒。

尤尼希皮里，
我誠心向你道歉。
希望你能原諒我傲慢而錯誤的做法。
我的小孩，尤尼希皮里。
我置身於黑暗中，
以爲自己能看清所有事情，其實萬般迷惘。
我從來不曾看見你的存在，
希望未來我們能永遠在一起，

希望我們母子能合而爲一。
以後，我會多多把精神放在自己的內在，
因爲那裡有你。
對恐懼害怕、精疲力盡的你，我有好多事想要道歉。
我重要的尤尼希皮里！

我珍愛的尤尼希皮里。
試著尋找爸爸，也就是奧瑪庫阿。
奧瑪庫阿一直用溫柔而深沉的眼神守護著
你和你的媽媽，也就是尤哈尼。
如果你看見爸爸，一定知道。

啊，尤哈尼。
你真的是在黑暗中迷惘，

都聽不見我的聲音、尤尼希皮里的呼喊。
你沒有發現尤尼希皮里尋求母親、持續吶喊的聲音，
因為你總是向外看。

奧瑪庫阿。
除了你，還沒有任何人找到「我」。
就像尤哈尼與尤尼希皮里至今仍無法相見一樣，
還沒有任何人找到「真正的我」。
奧瑪庫阿，
你的眼神在訴說些什麼？

我是奧瑪庫阿。
我的存在，是爲了連結我的家人，
把我的家人送往「眞正的自己」。

如果你眞的重視尤尼希皮里，
也就是你自己，
我希望能讓這個家庭合而爲一。
我知道「眞正的自己」在哪裡。
我也非常明白那是什麼樣的體驗。
請握住我的手，
我想帶你到生命原本存在的地方。
當我們三者合而爲一，
就會看見一條閃閃發光的道路。

我是奧瑪庫阿。
我是尤哈尼。
我是尤尼希皮里。

「我究竟是誰？」

或許，
現在正是凝視內在的時候。
三者合而爲一，
「我」。

來，奧瑪庫阿、尤哈尼、尤尼希皮里，合而爲一，
到「我」這裡來。
因爲平衡連結著你們，
跑步、嬉戲、坐下，再次凝視內在。
快樂地爲各自的目的而活。
如果悲傷再次出現在你們眼前，
你們已經明白那是從前累積的事物，

而不是你們。對吧？

我打從心底覺得你們這個家庭是我的驕傲。
請在我的內在，以本來的樣貌彼此牽手，
以本來的樣貌互相扶持。

不要忘記喜悅隨時都讓你們圓滿。
位於你內在的家庭再次重逢——
有比這還要開心的事嗎？

神性無所不在。
在陽光裡、在彩虹裡、在海上跳舞的波浪裡……
在一切事物裡。
無所不在。

眞理是，你是神聖創造者的一部分。
在任何事物裡，都能看見神性的存在。

世上萬物告訴了你。
你，就是你，
和神性合而爲一的你，就是「我」。
當奧瑪庫阿、尤哈尼與尤尼希皮里合而爲一，
那裡毫無疑問的，就有神性。

我的小孩，尤尼希皮里。
天眞無邪又純淨的尤尼希皮里，
你現在「我」身邊。
你存在於
神聖創造者駐足的愛、平靜與和諧裡。

來吧！因爲現在我在你們之中，
顯現著「我」。

就像平靜與你的內在家庭同在，
歐哈那（Ohana，家庭之意）演奏的聲響是喜悅。
隨時和歐哈那在一起，
平衡與愛就是「我」。
對神聖創造者打從心底的感謝，
我全都看在眼裡。

平靜
平靜
平靜

神聖創造者——父親、母親、小孩的合一

Divine Creator —— Father, Mother, Child As One

我們內在的另一個自己，
經常向我們呼喊：

我在這裡！
媽媽，我想跟你在一起。
我一直在等媽媽愛我喔。

這是一首內在小孩寫的懇求詩：

媽媽，你有聽見我的聲音嗎？
我一直在等你聽見我的聲音。

過去這段時間，我用許多事情呼喚著媽媽，
時間長到我幾乎都要忘了自己是誰。
我一直想跟媽媽說，
有關宇宙寶藏的事。
我想讓媽媽看看宇宙的寶藏。
宇宙的寶藏，
比媽媽長久以來尋求的夢想，
更加美好。
雖然我一直呼喚媽媽，
但媽媽都裝做若無其事。
我很失望、很焦躁。
被置之不理時會生氣，但其實就是寂寞。
寂寞，是最悲傷的事。
這段時間無論我有多悲傷，

面對媽媽帶來的、囤積的各種重擔，
我不曉得該怎麼辦，
只能獨自背負、積壓。

媽媽，
請留在我身邊，
請跟我說話，
我想跟你在一起。
只要我們在一起，我們有好多事可以做。

我，
眞的，
眞的，
很痛苦。

我一直在等你，
我好寂寞。

媽媽，如果你知道蔚藍天空的豐盛，
知道月明之夜閃耀在遺世湖畔的寧靜，
那麼你也必然知道，
你和我沒有什麼是做不到的。

爸爸也一直呼喚著媽媽。
現在，回到內心的平靜之處。
回到家人身邊，回到「眞正的自己」所在之處。
請聆聽我和爸爸的聲音。
我們衷心祈求的是，
自由。

因爲我現在好痛苦、好沉重、好難受。
我想擺脫不斷重複播放的記憶，恢復自由。

媽媽，來，
讓我撫摸媽媽的手。

對了，我也跟爸爸說說話吧！

爸爸：
媽媽和我，
已經準備好踏上邁向「我」的旅程了。
我們已經準備好向記憶告別——
那些囤積至今已變得沉重、僵硬的記憶，
我們要用力張開雙臂，

讓記憶從此解放，
我們已經準備好要彼此原諒。
爸爸也到這裡來，
跟我們團聚吧！
有家人眞好，
原本就應該是這樣呢！
我們又再次感受到
沉浸在神聖創造者的寧靜與愛中的感覺了。

爸爸，
唯有家人合而爲一，
爸爸、媽媽還有我才能自由，
才能成爲「眞正的自己」。
爸爸，

媽媽爲我準備了棲身之處，
我會扮演好我的角色，
讓家人能夠在一起。

啊，
我好喜歡，
在神聖創造者強壯的臂膀環繞下，
享受著來自本源的光，感受平靜、愛與豐富。

內在覺知

Inner Knowing

在三個自己（Self）當中，愛至關重要。

當你為了療癒而採取行動，
卻因而犧牲了你的尤尼希皮里，
會發生什麼事呢？

你的尤尼希皮里將再次受到傷害，
並播放悲傷。

那是非常難受的事。
尤哈尼要再次想起尤尼希皮里，
和尤尼希皮里對話、向尤尼希皮里道歉。

直到尤尼希皮里能夠原諒爲止，不然傷痛不會消失。
尤尼希皮里無法理解，
爲什麼自己得爲了他人而如此難受。
要從痛苦中，
解放反覆體驗傷痛的尤尼希皮里，
或許需要很長的一段時間。

只要你願意，
慢慢地、仔細地清理一個又一個的記憶，
相信總有一天，
你的尤尼希皮里會感受到這份心意。

你必須愛、必須尊重、必須留心、必須溫柔對待，
以及必須接納的人，首先是自己。

生命的源頭，棲息於萬物之中。
生命以各種不同的形式存在，
如同波浪一般源源不絕——這就是宇宙的模樣。

有時候，你會想跟其他人接觸。
在那個當下，你究竟是誰？
你和「眞正的自己」在一起嗎？
當你內在的三個自己合而爲一，
成爲「我」的時候，
你才會看見其他的生命，
你才能跟其他生命接觸、談話。
當你內在的家庭合而爲一，
即使你仍然在這個世上，

你還是可以和各式各樣的生命，
進行溝通。
有時候，會產生友情，
有時候，你會獲得許多知識。
這些事情之所以會發生，都是因爲各式各樣的生命存在。

只要你將積累在尤尼希皮里的記憶——
那些汙垢清理得越乾淨，
你就越能明白，
宇宙的不可思議與神祕爲你而開。
這無法用大腦思考，而是以自然的形式體驗。
一切神祕將從你的內在出現，
你是所有生命的一部分，
你對大自然而言是不可或缺的存在。

因爲你們的連結如此強烈
（或者你接受引導……），
或許隨時隨地，
都能進行溝通。
或許你會在遙遠的銀河，
甚至在銀河之外，
遇見超乎想像的生命。

這樣的溝通，
對於宇宙的巨流來說不可或缺。
你平常稱爲「我」的，
在整個宇宙裡，只是小小的、小小的，極爲渺小的存在。
所以，只要你面對神聖創造者，也就荷歐波諾波諾說的

三個自己合而為一

Three As One

長久以來，
疾病、戰爭、貧窮、乾旱讓人受苦。

爲什麼呢？
因爲人們不了解
眞實的自性。

內在小孩，
長期被忽視、被指責、被傷害而受苦。
傲慢無法獲得平靜。

即使澆灌了一切知識，
平靜的花朵，也不會在傲慢根深柢固的大地綻放。

我一再地說：
奧庫瑪阿、尤哈尼、尤尼希皮里，
平靜就在三者合一時的「我」身上。

三者合一，
當此處沒有傲慢，
而你一如原本，是完美的「我」。
那麼，將只有平靜環繞著你。

平衡就在「我」裡面，
平靜就從「我」開始。

命運

Destiny

過度期待，會阻礙你的排泄功能。
那會使得你所有的念頭（思維與情感）
無法在自然的流動中被消化。
請放輕鬆，讓自己身處流動之中，
就像小河奔下山坡，最終注入寬廣的大海一般。

流動只要產生，
念頭就會開始主動撿拾安穩而溫和的知識，
並持續流動，直到抵達神性。
頑固而僵硬的念頭，將沉在河底。

希望你能身處流動之中。
收集你四散的念頭，
就這樣身處流動之中。
如此一來，你將抵達神性。

所有人的命運，
都像無法逆流的河水，
永遠只能朝同一個方向前進。
你以肉身出生，直到自肉身解脫，
你要身處流動之中。
不過，你是大人。
可以從無限的道路中，
自己選擇前進的方向。

雖然不習慣，也不要害怕前進。
當你朝「真正的自己」選擇的方向前進，
相信沉睡於你內在的寶藏，
就會以美麗能量的形式讓你驚豔。

試著踏出你的腳步，
讓睿智的話語滋潤你。
草木將讓你感到涼快，
來，聆聽他們輕細的聲音：

歡迎你，我的朋友！
我溫柔地支持著你。
只要你持續前進，
我就會永遠開心地、溫柔地支持著你的腳步！

我的光之子

My Children Of The Light

嗨！是誰在那裡呀？
光之子，我在跟你說話喔。
到這裡來。

髒汙的臉龐牽動起來，光之子漾起了笑意。
光著的腳，滿是汙泥。
打起精神，我的孩子。
我們要一起到太空旅行喔，
我會讓你看見「SOD」與「NOD」星系。
光之子問：
「SOD和NOD是誰？」

那是爲了抵達光，會行經的中繼站。

光之子看起來很高興，又問了：
「光之國度的叔叔、阿姨是誰？」

啊，只要你把臉清洗乾淨，告別髒汙，
大家都會歡迎你，
大家都會等待你的到來喔。
讓細雨清洗你的傷痕、淤泥……
那些你背負了幾億年的髒汙，
讓自己放下一切。

在藍天白雲之間旅行，

孩子的臉因清洗而閃閃發光，
就連髒衣服都被滌淨如新。

終於，到了NOD的門前。
NOD是睡眠的國度。
有充裕的時間。
躺在微晃的搖籃裡吧。

你看，孩子已經睡了。
晚安，晚安，晚安喔。
在孩子沉睡時，
輕輕解開孩子的衣裳。
那衣裳因夢境、恐懼、憤怒、破壞、
疼痛、苦惱、暴力、罪惡感而來，

因數億年來曾經脫口而出的各種想法而來，
全部輕輕褪去。

睡飽了，醒來，
用雲做的柔軟棉被來包裹，
抱著溫暖的你，飛向SOD的國度！
走過如雪般凜冽的草原，
橫越如水晶般清澈的小河，
沐浴在森林與花草的香氣中。

將具有生命力的一切美麗帶在身上，
孩子總算做好了準備，準備前往生命的源頭。

我心愛的光之子，

那是你眞正的家的鑰匙。
收下鑰匙，轉轉看。
門輕輕地開了。

「爸爸在哪裡？」
孩子問。

無處不在！
做好準備的你，
十分適合這樣的美——
莊嚴的「獨自的寂靜」。
我總算感受到你放手了。

來，讓我們一起說：

我是神的孩子

我是神的孩子，
允許神性之愛與睿智，
作用於我之中。
我接受無論是個人化事物，或是宇宙性事物，
在我之中都是平衡而完美的存在、都是完整的關係，
都能在正確的環境與時機展現出來。

爲了我此生的成長、成功與幸福，
我允許自己總是在正確的時機與地點，
全然地發揮天賦，

以嘉惠自己和其他人。

滿懷熱情與信賴，
伴隨心靈的謙遜，
我和神聖創造者，以及所有生命合而爲一。
我的起點與終點合而爲一。

透過這樣全然的接納，
我會在必要的時候接收到正確的條件、關係與靈感，
通往具建設性的未來。
我必然會知道，
必然會眞正理解，並確實度過我的一生。

爲什麼呢？

因爲不論現在或以後，
我就是值得被生命河流承載、扶持。
我的平靜。

回歸寶地

Where Your Treasure Is

「我」是光。
「我」是生命。
你是「我」的孩子，閃閃發光。

只要讓你的光閃耀，
世界就會清醒。
只要讓你的心高唱，
整個宇宙都能穿透。

和「我」一起，
尋找迷失的羊群。

羊群在黑暗和死寂中迷失了方向，
生命就要斷絕。
是誰讓不朽的生命淪落至此？
你明明不可能因外在的苦而受傷的。

你的境遇都是你自己選擇的。
爲什麼你要選擇苦惱、疼痛與悲慘呢？
爲什麼你要毒害你的孩子、家人、朋友呢？
爲什麼你要讓自己和世界變得盲目呢？

啊，你今天也這麼貪心，
爲世間的財務所困。
爲什麼呢？
爲什麼即使會招來痛苦，你仍想要財富呢？

爲什麼你要爲了財富而選擇痛苦呢？
我沒告訴過你，我會供給你一切所需嗎？

我明明已經保證過，你永遠豐足，什麼都不缺，
爲什麼你仍要追求世間的財富呢？

啊，你還是不肯相信。
看著你苦惱的身影——其實你根本不必這樣，
「我」多麼心疼啊。
然而，那是你的選擇。
一直都是你自己做的選擇。

「我」會一直等你回家。
「我」一直都在找你，

「我」一直都在等你，
「我」隨時都在想你，
回到「我」身邊吧！
因爲你沒有罪，
罪由你的心智頭腦創造，
那不是眞實的。

爸爸，
與你分離的這段時間，真是痛苦。
我錯了！
我迷失在過去與未來的黑暗之中，
牽著我的手，爸爸。
請來找我、請擁抱我，
幫我從苦痛和煩惱中解脫，

讓我備受煎熬的身心靈都得到釋放，
爸爸，你在哪裡？

我的孩子：

放下吧！
根本沒有黑暗，
只有光明；
根本沒有痛苦，
只有喜悅。
從一開始，就只有光明與喜悅，
其他都是幻影。
擺脫你自己創造的幻影吧！

只要放下，你就能看見「我」。

我愛你，

也謝謝你此刻能回家！

平靜

平靜

平靜

輕聲細語

Speak Softly

看見富麗堂皇的建築或教堂，你有什麼感覺？
那是人們為了支配、操控他人而創造的高明玩具，
好讓人為他們的願望賣命——不是「我」的。
真是可悲啊！可悲！

要世界接受這樣的觀點，
或許非常困難且曠日廢時。

但有些事，你立刻就能做到，
那就是放緩腳步、輕聲細語。
如此一來，

這個世界，以及受苦的人們，
都會轉化，
就像陽光能通透照耀般，
徹底的轉化。

所有宗教人士，
追求的、依靠的基礎並不穩固，
導致他們的尤尼希皮里也很不安，
充滿了對異教的恐懼、罪疚與反感。

每個人都認爲自己的信念，
比其他人好。
不過，
我們在累世的過程中，

接觸到許許多多的信仰，
並被迫做出選擇。
或許，
這些體驗都是爲了
通往一條路——
遇見「眞實的自己」的路。

偶爾，你會隱約接觸到「我」的存在。
可能是因爲看見微弱的光芒，
不是用頭腦，而是用身體感覺到「我」的存在。
即使只是偶爾，即使只是瞬間，
你也要接受「我」，
因爲唯有在你的允許下那才會發生。

然而，
人在眞正接受「我」，也就是「眞實的自己」的時候，
也就是，當你超越一切宗教、儀式等，
接受「我」的時候，
「我」就會確實在你面前現身。
爲什麼呢？
因爲你已經準備好要接受了。

至今，「我」只曾在少許人面前，
露出自己的面容。
有些人曾經碰觸過「我」，
但即使「我」主動伸出手來，
也從未露出面容。

如果有誰說，
曾經看過「我」的面容。
那絕對不是「我」，
而只是「我」的影子。

寧靜的星辰

Star Of The Stillness

你是「我」的星辰。
寧靜的星辰，
美麗的星辰，
讓我想一直仰望。
你就像是
在月夜的水面上閃閃發亮的光華。

那些我安放在東南西北各方的星辰，
到哪裡去了呢？
那些在無垠天空裡閃耀光芒的星辰，
到哪裡去了呢？

星辰的光芒消失了。
凝視曾經有光的地方，
如今只剩下空無的黑點。
好悲傷啊！

希望你能像那許多點燃的燭光般，
爲黑暗帶來光亮。
請點亮那遠離了
無始之美的世界。

喔！你是我的光之子，
前進吧！
去點亮宇宙。
前進吧！

到死寂和黑暗之地，去創造生命與光。

爲了那些迷惘的兄弟姊妹們，

我會等你；

當我的特使，將他們帶回我的懷裡，

我會等你。

讓我們在永恆之光中相擁。

怎麼做？

How Can You?

光啊，
歡欣、高歌吧。
靈光乍現的本質在你之中發亮，
照亮宇宙的每個角落。
光之子，
打從你自零誕生那一瞬間開始，
你就是無拘無束的，你就是生命。

駱駝要如何穿過針孔？
罪人要如何心安？
當你是生命的源頭，

一切都是空無，一切都將合而爲一。
當你是生命的源頭，
你就會得知各式各樣的事物，
你遍及四方。

只要你追求形式，
或者抱著想法與期待，
你就會被時間、空間與肉身拘束。

再一次，到了你做選擇的時刻。

你選擇生命的源頭，
還是選擇被困在瑣碎、無關緊要的效果和形式中？

爲什麼要遠離光？
這是多麼令人費解的事。
沒有了光，
你能看見什麼呢？
沒有了光，
你要怎麼上路呢？
沒有了光，
你要怎麼找到「我」呢？

「分別」是幻影，
一如黑暗與期待。

光是一切萬有。
光可以穿過針孔，也可以穿透任何鑰匙孔。

手

Hands

「我」總是和你在一起，
就是在一吐一納的呼吸之間；
「我」總是與你長相左右，
展開雙臂，以便讓你隨時可以依靠。

你是我的光之子，
「我」絕對不會棄你於不顧，
「我」總是會在你和兄弟姊妹們
觸手可及的地方。
當你陷入沮喪難過，
兄弟姊妹們總是會爲你伸出援手。

你準備在愛中接受他們的幫助了嗎？
每個瞬間，是愛在閃耀，還是黑暗壟罩？
每個瞬間，是幸福在引領，還是絕望在支配？
每個瞬間，該怎麼選擇，「我」都清楚明白。

那麼，你呢？
你一次又一次地迷失自己。
「我」一次又一次地看著，
你失去了光芒。

然而，
在你的本質裡，光亮永遠在。
在眾多眼裡，你就是我的光之子，

讓人目不轉睛。
唯有你自己能了解你的本質，
了解你「眞實的自己」，
就是永恆之光。

永恆

Eternity

永恆，
顯現在當下此刻，
顯現於靈光乍現的瞬間，再度消逝。

永恆，是在你之中的「我」；
時間，唯有此刻瞬間。
「我」的基礎裡有「時間」；
我也存在於「時間」裡。

永恆，在「我」之中。
「我」會在超越時間的永恆，顯現於當下這一瞬間。

你如果在「我」之內，
你究竟是誰？

想法，
瞬間，
時間，
永恆，
「我」……

你來自「我」、空無與無限，
你是無限可能的孩子，
此外無他。

回家吧！

回到光、
回到「我」這裡吧。

與「我」合一

You And I As One

在全新的早晨，
在天色漸暗的傍晚，
無論何時「我」都會看著你。

「我」能夠感覺到你，能夠確實觸碰到你，
絕不會讓你離開我的視界。

你是我的光之子，
美麗的存在。

在你恐懼無比的時候，

心靈的某個角落總是明白，
「我」絕對不會棄你於不顧。

在心靈的某個角落你總是能感覺，
你的光芒，
在「我」棲息的宇宙裡，
無時無刻不在閃亮。

「我」創造了你，
我知道你的全部。
現在是，以後也是，「我」一直與你在一起。
即使你離開「我」，
無論現在或以後，你仍在「我」的懷抱之中。
即使你冷落「我」，

無論現在或以後，「我」都會守護著你。
現在是，以後也是，
星光點點的夜晚是、晨露閃耀的早上也是，
「我」一直與你在一起。

因爲——
你從「我」開始。
打從數億年前，
你出現在這世上以來，
給予你營養、疼愛你、培育你的，
都是「我」。

你是多麼完美的存在啊！

擁護生命之洋的手

Hands Across The Sea Of Life

凝視「我」的手，
那雙手述說著無比遙遠的曾經，
以及過往的豐功偉績。

然而，「我」的手究竟想說什麼呢？

這雙手，能夠釋放、表現、創造、解決，
甚至徹底改變了氛圍。
這雙手，溫柔包覆被刀刺傷之處，
給予安撫。
苦惱時、恐懼時、喜悅時，「我」的手總是在動作。

這雙手，是時間、空間與永恆的橋梁。
這雙手，述說著關於銀河、彩虹池等各式各樣的故事。
這雙手，甚至包覆著整個世界與宇宙。

仰望日出時，
你知道「我」的手守護著所有的生命，
就像你用雙手小心翼翼地捧著小鳥。
你是神之子，
在愛、平衡與平靜中成長。

無論過去如何，
都不需要一直執著於過去，
邁向未來必須變化。

頂天立地站著，
大大張開雙臂，擁抱所有事物原本的樣貌。

你應該留意到了吧！
你在一切之中，
而一切也在你之中。
就連你大腦認知的宇宙，
也只不過是整個宇宙的一小部分。

賦予生命力量的生命之泉，
汩汩而流、源源不絕，
所有的生命皆是如此。
生命的潮起潮落，
不斷的反覆重生，

直到將你淬煉成純粹的光中之光。

此時，不再有生與死——那只是個傳說。
平靜、愛、光與喜悅，將成爲你的基調，
平衡將是你的標準値，
分分秒秒都安駐在澄澈的靜謐中。

彷彿浪子回到父親的身邊，
有一天，
你也會找到你的自性。

時間的沙漠

Desert of Time

你在時間的沙漠裡穿梭了數億年，
如此漫長而辛勞的旅程，你還想走多久？
這種無盡痛苦的體驗，你還想經歷多久？
堅持不啜飲生命之水的選擇，你還想持續多久？
身邊那些重要的人，
你打算讓他們跟著你一同體驗辛勞、痛苦的旅程嗎？

這是多麼愚蠢的決定，
然而，你至今仍選擇如此愚蠢的旅程。
你經常如此煩惱吧，
爲什麼自己的生命沒有愛與平靜？

爲什麼生命會給自己帶來
如此嚴重的打擊？

但實情並非如此，
沒有人陷你於這樣的困境。
當「我」把你
以「自由」之姿送到這世界，
你就是個有選擇權的靈魂。
別再因自己的痛苦、恐懼、憤怒與敵意而怪罪他人了，
那些讓人看不見明天的怨言，已經夠了。

你就是因，
你就是創造者，
這是你自己的選擇。

「我」在等待，
等待你放下自己創造的混沌，
再次創造平靜。
「我」在等待，
等待你在敵意的沙漠開出愛的花朵。

試著睜開眼睛，
確實接受這件事——
沒有人在替你選擇、承諾、製造、積累，
別再向外尋覓了，
別再遷怒他人了
特別是別再遷怒那些無辜的孩子們，
你對他們做的事，

等於對在「我」做一樣。

別再拿自己的不幸、敵意、垃圾、失敗，
來評判他人。

那些都是從你開始，
環顧四周，
所有你看見的，
都是你創造、招引和接納的。

如果你看見愛與平靜，
是你創造的；
如果你看見憎恨與敵意，
也是你創造的。

再說一次，
人生就是一場創造與因果的遊戲。
你是創造者，你導致了自己的人生。

請問現在這一瞬間，你選擇什麼？創造什麼？

是愛，還是敵意？
是平靜，還是憤怒？
是豐盛，還是貧乏？
是家人，還是孤獨？

人生的選擇

Life Is Choosing

人生，
不是創造，就是死寂，
兩者取其一。

人生，
不是定靜，就是隨著外在的情緒打轉，
兩者取其一。

你不希望自己的人生能夠寬闊而朝氣蓬勃嗎？
爲什麼你要選擇混亂與死亡呢？
爲什麼你要選擇痛苦與受難呢？

爲什麼你要一直繞遠路，
遲遲不肯回到「我」身邊呢？
爲什麼你總是要虛度光陰，
心靈永遠無法平靜呢？
心靈無法平靜、無法安穩，
活著，也等於死了。

分離邁向死亡。
分離，帶來的是死亡。
只要合而爲一，就能永遠活著。

看著你死亡、你苦惱，
你知道「我」有多悲傷嗎？
你是自由的靈魂，

可以選擇生或死。

你可以立刻著手準備回家，這會讓你心裡閃閃發光；

你也可以選擇生生世世痛苦與受難。

你可以自己選擇。

「我」一直在家裡等你。

希望你知道，

你是光之子。

希望你知道，

「我」無論隨時都支持你，

打從心底原諒、祝福你，而且已經準備好迎接你回家。

荒野中的孩子

Children In The Wilderness

「我」眺望遙遠的地平線，看著西斜的太陽，把天空從金黃、橘色染成紅色、朱砂色。「我」看見背負著沉重行囊的你，就這樣現身，彷彿承受了人生許多的煎熬與苦難。我的宇宙之子，你從哪裡來？要到哪裡去？

我的心無比沉重，拖著血跡斑斑的雙腳，步行在龜裂灼熱的荒野。我從哪裡來，該往哪裡去……請告訴我，要走向何方，我才能擺脫龜裂灼熱的地面，以及乾燥貧瘠的地心吹來的狂風呢？我真的好累，我從亙古以來就漂泊至今。請清除我的痛苦與傷痕——我長期堅持不肯放手的傷痕，讓我不再需要持續尋求救贖。

現在，我請求你的寬恕。請原諒我對這座由身心靈組成的自我殿堂，犯下傷害、虐待，以及棄之不顧的罪。原諒我因為只想著金玉其外的欲望，而棄自己的殿堂於不顧。原諒我不斷傷害自己，終致無法獲得對自己真正重要的事物。

我清楚聽見了我孩子從荒野傳來的哭喊，就連無聲的懇求，我也聽見了，孩子。卸下你的我執與意志的外衣，到我這裡來。我會卸下你身、心、靈背負的重擔，帶你回家。讓你穿上新的外衣，這件外衣能夠幫你免於受到傷害，包括因人類淺見與宇宙風暴引起的災難與悲劇。來，穿上這雙拖鞋。在時間的沙漠上，它可以保護你的雙腳，免於被灼熱的沙傷害。放緩腳步，慢慢走，傾聽自己的心跳。

讓沉睡於你心中的聖門開啓，

讓柔和的微風穿越，
讓陽光照遍
你內在殿堂的每個陰暗積塵的角落。

轉動鑰匙，你看，是「我」啊。
即使現在也是如此，
「我」一直在這裡等你。
歡迎回來。

你花費好長的時間，
終於遇見了「眞正的自己」。
來，到這裡來。
讓我好好擁抱你。

選擇家人

Choose Family

你的家人是誰？
不是任何其他人，而是你內在的自己，
他們正渴望獲得自由。

重要的是，愛內在的你。
愛內在的你、愛你的家人，
比什麼都重要。

心痛的時候，
先凝視自己。
活在愛裡的時候，

也先凝視自己。

爲什麼呢？因爲一切皆起因於自己的內在。
受傷的時候，原諒自己並進行清理。
爲什麼呢？因爲被害的是自己、加害的也是自己。

與自己合一時，宇宙就能取得平衡。
與自己分離時，會無比痛苦揪心。

選擇合一，
體驗平靜與愛吧！
選擇合一，
讓自己無所不是，無所不在吧！

情緒海洋

Oceans of Emotions

你被放逐在情緒海洋裡，
沉溺、漂浮很久很久了。

一如人們傳說耶穌曾經平定風浪，
現在，你知道如何平定人生的風浪。

你已經明白。
即使知道方法，
大海也不會永遠風平浪靜，
暴雨會再來。
然而，在你內心深處，

隱藏著足以平定人生風浪與暴雨的力量。
盡可能在心裡描繪「眞正的你」，
化爲語言，
那將會創造你的現在。

即使如此，你之後還是會感嘆、悲傷與絕望。
無可避免。

因爲還有許許多多
長期累積下來的記憶。

即使如此，還是希望你記得。
你有「我」這個家人，
打從心底深愛著你的家人。

「我」給了你禮物。
禮物確實在你的手裡。

「我」和你在一起。
沒有比這更美好的事。
來，你去看吧。
如果你追求一切的眞實、祈求和諧與平靜，
你一定會在你的內在找到問題的答案。
並遇見你的家人。

只要凝視「我」，你就能在你內在遇見你的家人，
在我的家園裡，有你許許多多的兄弟姊妹，
但只有一位父親。

選擇

Choice

生存或毀滅，是個問題。
你看見朝霞輕柔地連接大地與天空，
或是看見雜亂汙染的雲層。

你經驗到新生嬰兒美麗的臉龐，
或是經驗到因癌症而衰亡的肉身。

無論何時，即使是當下這個瞬間，
你都必須選擇。
選擇「眞正的自己」，或是「爲了其他人而存在的自己」。

選擇「喜悅」，或是「苦痛」。
選擇「光芒」，或是「黑暗」。

如此回顧，可以很清楚地明白，
自己做了哪些選擇。
然而，即使是今天，
世上許多人仍然迷惘而找不到方向。

大家都在吶喊，到底哪裡出了錯？
是財富、分離，抑或是罪疚？

從此以後，
每一個瞬間，永遠都要選擇光，
選擇與「我」同在。

抬頭仰望雲端的太陽

Roll Back The Clouds And See The Sun

某一天，當我環顧世間，感受到病痛、飢荒與災難。
這些都是人類帶來的結果。

雲重重疊疊，
有些明亮、有些暗淡，
反應著即將有轉變要發生。

我的光之子，
用你的眼望向東南西北，
看看大自然的美好。
人類花費再多金錢與智慧，

都無法模仿
那光彩奪目的光、雷、雨、颶風……

只有去經驗你自己的不安、失望與混亂，
讓細雨洗淨時間的陰霾，
讓大自然重新平衡你靈魂的頻率。

保持平靜，
與平靜共處，
成爲平靜本身，
成爲「我」。

平靜！平靜！平靜！
來自「我」

不多不少

No Better, No Less

用心感受，
藍色潮水在你心中流逝。
仔細觀賞，
群星閃爍演奏出你內在的交響曲。
好好嗅聞，
你手中的茉莉花。

你的存在，
相較於潮水、星辰與茉莉花，
沒有比較好，也沒有比較壞。

爲什麼呢？
因爲你在萬物之中，
而且，
萬物也在你之中。

在荒野綻放的百花與山鳩，
比什麼好，又比什麼壞呢？
好壞與比較，
是人類所在次元的問題。

平靜、
和諧、
愛，
這是「我」的所在次元。

萬物都存在於平靜、和諧與愛之中。
請你記得，
所有事物都是一體的，
沒有多，也沒有少。
如果世上事物有所謂的好壞，
那是你的記憶。

我沒有好，也沒有壞。
你亦然，沒有好，也沒有壞。

究竟是與何相比，才會出現這樣的結果？
無論何時，我們都是本質，
都是一切。

心的海洋

Ocean Of Your Mind

回家吧，
回到「我」的身邊，
就在你內心的深處。
「我」在沒有時間存在的岸邊，
永遠等著你。

你從「我」開始，
你是完美的存在，
你是寧靜的海洋裡發光發熱的美麗星辰。
你和「我」永永遠遠在一起。

永恆的宇宙

Forever

看那陽光穿透茂密的枝葉縫隙而閃耀，
「我」是遠超過陽光的永恆之光，
「我」是那永恆的火源，
「我」就是一切萬物。

看看孩子們，
他們雙眼有神、笑容可掬。
「我」就是孩子，
我是無盡的起始之泉，
我是永遠的明日之泉。

看看你的家。
就連窗戶、各種物品創造出來的空隙，也都是一體的。
側耳傾聽所有原子、分子演奏的聲音。

你明白「我」也是你的家嗎？
「我」是宇宙的家，
接受萬物，不管是聲音、顏色，還是本質……

「我」就像你，
「我」就是你。
「我」就像你的思緒，
「我」就是你的思緒。
我是不具形式的思緒，
我是無始無終的愛。

陽光是什麼？孩子是什麼？家是什麼？
聲音是什麼？顏色是什麼？思緒是什麼？本質是什麼？
你又是誰？

不用說，
這一切的一切，當然都是「我」。

你就是「我」。
你跨越了你創造的框架與界線，
讓你自己活了起來。
一如原本就是如此，
創造了每個瞬間的宇宙。
那是靈光乍現、不斷變化而沒有界線的，永恆的宇宙。

給你

Children Of Choice

你是宇宙中永遠的孩子。
你是剛出生的朝陽，
是超越所有時代、持續照亮荒野的陽光，
是月光，也是潺潺小溪。

世上所有的兄弟姊妹，
都是你。
花、草、沙與所有原子，都是你的家人。
當你是「我」，
就能在萬物之中看見你。
當你是「我」，

就沒有敵人、
沒有疾病、沒有憎恨，也沒有疼痛。
敵人、疾病、憎恨、疼痛，
都是你的記憶創造出來的幻相。
是你幾億年來被迫相信，
所有思緒的結果。

眞相，
永遠都在平衡之中。
當你是「我」，你就能看見。

幻相，
總是出現在創造差距之處。
當你離開「我」，那就會成爲你的現實。

人生的每個瞬間都是被創造出來的，
那創造的人是你。
你的選擇，創造了現在的宇宙。

因此，我可以反覆詢問，
你要選擇什麼？
選擇「我」，還是「幻覺」？
選擇小溪流水、青綠山丘，
還是在分別中混沌不明？

你是「我」的孩子，
此刻選擇了我溫暖的懷抱，
我總是等待著你的歸來，

在你內心深處的天堂，永遠等待著。
我爲你準備了一件斗篷，
一件由愛、平靜與自由創造的斗篷。

你可以看見更多

Look

看，

你現在看見什麼？

或許是建築、植物或郵筒……

或許你現在聽見聲音或喇叭響。

沒錯！

然而，

你應該可以看見更多。

你的第三隻眼睛，一定可以看見更多。

你沒有看見太陽的火焰、天空的蔚藍吧。

你沒有看見停在露臺扶手上的鴿子吧？
你看見的，都是人類創造出來的事物，
都是總有一天會消失的事物。

再看一次，
你現在可以看見什麼？
你可以看見「我」吧。

在火焰創造光亮的威嚴中，
在天空無邊無際的蔚藍中，
在鴿子穩健的安詳中，
你一定可以看見更多。

再看一次，

你一定可以在人類創造出來的事物中，
看見「我」。
有形體者，皆夢幻泡影。
只有「我」，
隨時都能看見。

二合一

Two As One

無論你在何處，「我」就在附近。
無論你做何事，「我」就在附近。
無論你說何話，「我」就在附近。

因爲「我」在你附近，
所以你隨時都在「我」附近。

比在附近還要近，
你與「我」合而爲一。

關係

Relationship

比起其他任何事物，我們一定要先學會——
愛「眞正的自己」，也就是自性。

絕望、恐懼、孤獨……
存在於不重視「自己」的地方。
人類相信，如果沒有與他人建立關係，
就會被孤獨淹沒，
事實不是這樣的。
擁有再多關係，你都不會滿足，
只有「眞正的自己」能讓你滿足。
如果這是眞相，

爲什麼要與他人建立關係呢？
擁有關係，
能讓你偶爾體驗一體感與成就感。
話雖如此，
擁有關係卻不能讓你感受到
當自己合而爲一的喜悅與滿足。

說到底，
重要的不是關係給了你什麼，
而是你給了關係什麼。

你可以給所有關係的，
只有——
「眞正的自己」。

「眞正的自己」就是愛與平靜，
可以與萬物分享。
當你（尤哈尼）與尤尼希皮里合而爲一，
體驗「眞正的自己」時，就是完美。
當位於你之中的自己成爲一個家庭，
你就能深切感受到完整。
屆時，愛與自由將充滿這個宇宙的每個角落。

因此，盡可能接受完整吧。
追求你內在關係的品質，
接著，聽從靈性分享吧。
那是宇宙給你的方法。
除了自己以外的關係，隨時都在變化。

不能忘記，
每個當下都是宇宙引起的。

根據自己身處的狀態，
有可能會感受不到，
宇宙關係的溫柔、愛與自由。

因此，盡可能接受完整吧。
不是基於條件或契約，而是基於「自由」的方法，
與宇宙關係有所連結。

這個方法與你經常使用的完全不同。
人類總是拚命追尋「自己」，
試圖透過其他事物看見自己的完整。

宇宙告訴你的方法，
是在一切與你有關的事物，
也就是在平衡中，
重拾「眞正的自己」。

如果你追求眞正的關係，
就要放下期待與不安。
該怎麼做呢？
首先，從自己開始，
開始清理。

越來越寬廣

In The Vastness

「我」在永無止盡的寂靜之中，
在沒有起點也沒有終點的寂靜之中。
「我」是不存在於明天與昨天的星星。
「我」遠遠超越時間與空間，就在當下、就在這裡。
當你放下記憶，寂靜就在你的身邊。

你越來越寬廣，
越來越寬廣、越來越寬廣……
你是無邊無際的星星，
你越來越寬廣。

當你與「我」合而爲一，
你就是寬廣。
你自空無而生，現在這個瞬間就是一切。

你是不是總是自片面比較、評斷雙眼所見，
並以此空虛度日？
你如何評斷你的本質——空無？
是否任由記憶擺布、評斷？
那麼你做出的判斷，
將讓你遠離「我」。
你遠離「我」這個起源，
想要做些什麼？
原本乃是空無的你，全部合而爲一。
與萬物皆爲家人的你是宇宙疼愛的孩子，

是美麗、寬廣的宇宙之子。

遠離「我」的你，
受限於時間與空間，
迷失自己、活在死亡裡。

眞正的你越來越寬廣，
死亡永遠無法追趕上。
因爲，死亡是你的記憶創造出來的事物。

握住「我」的手，你越來越寬廣，
感受寬廣擁有的溫暖。
除了「我」以外，沒有事物能夠創造你的本質。
「我」熟悉你的一切。

「我」在之處

I Am Always There

在越來越寬廣的宇宙中，
這裡是「我」的棲身之地。
請你明白，
你在宇宙中，隨時都被愛著。
當「我」眺望懷中的你們，
「我」是多麼自豪與疼惜。
你身爲永恆的生命，總是被抱在懷中。

放下，
放下，
放下。

把你自己交給宇宙，
「我」在那裡等你。
就在你內心的最深處，
在與萬物永遠連結之處等你。

「我」的搖籃曲

The "I"'s Lullaby

啊……究竟在何處？
「我」嬌小的藍色小鳥去了哪裡？
我確定不是西方。
往西方去也不是辦法。
對了，或許是北方。
然而牠會飛去北風狂亂的地方嗎？
還是東方呢？
牠是不是在萬物生命之源的東方？
對了，一定是南方！
看，我看見藍色小鳥振翅往南方飛去。

邁向生命，
避免自己受到恐怖力量的傷害，
爲了追求安穩而往南方飛去。

之後要前往何處？
是否已經找到能夠小憩的地方？
來，來問小鳥吧。
你能幫我問牠嗎？

藍色小鳥的回答實在太冷淡，
也失去了平衡。
能不能豎耳，
聆聽小鳥微弱的低喃？

啊，大家，
在西方、北方、東方、南方的兄弟姊妹們，
能不能到我身邊來，聽我說話？

我守護著小小的種子，
把種子放在柔軟的搖籃裡，
避免受到冷風、冰雪傷害。
時間到了，搖籃落地，
導致種子四散。
由冰冷的空氣與潮濕的霜雪帶著離開搖籃的種子，
前往全新的地方。
時間過去，大地溫暖搖籃裡的種子，
沐浴在明亮太陽、柔和月亮、輕盈雨水的
愛與溫暖中，

總算開始冒出嫩芽。
嫩芽旋轉、脫殼，
慢慢抬起頭、挺直背，最後長成櫸木。
問櫸木吧。
問櫸木之前在何處？
是誰持續帶給櫸木溫暖？
又是誰讓櫸木自由？

就像櫸木，
就像紅杉、椰子樹與松樹，
人也是如此慢慢挺直背，並學習知識。
在抵達那裡之前，會不斷被毆、受傷，
來回名爲時間的大海。
人今天也因過去犯下的過錯感到悲傷、疼痛與感嘆。

盛裝世上所有感情的巨大容器也即將滿溢。

你現在，
站在沒有「開始」也沒有「結束」的起點。
你已經知道，
時間只有「現在」與「永恆」。

孩子們，
當你與「我」相聚，
宛如從黑暗進入光明。
我會輕柔擁抱，用大量的愛培育；
我會低聲吟唱，
那用陽光、月光與露水譜成的搖籃曲。

走入雨中，
用生命之水清洗你之外的萬物。
之後就會發芽。
出來，
令人疼愛的彩虹之子，
再次吟唱生命之歌吧。
對生命的愛即將滿溢，
那就是溫暖的生命。
「開始」「結束」由你而生，
一切捲入一之中，漸漸合而爲一，
與「我」合而爲一。

自由的鐘聲

Chimes of Freedom

宇宙中所有原子，
以鐘聲讓大家知道「光來了」。
徹底讓鐘聲響遍整個宇宙也無妨。
每個原子發出「眞正的自己」的聲音，
演奏生命的樂曲。

自由！
自由！
自由！

住在高山天邊的鳥兒們，

住在深海的魚兒們，
大家都以聲音表達「真正的自己」，
敲響自由的鐘聲。
鳥兒、魚兒和你一樣，都是在光裡旅行的夥伴。

嬰兒誕生，
表示自由誕生。
天上的星星如煙火般發光，因自由而喜悅，並宣告世人。

到這裡來，光之子們！
所有原子的靈魂都高聲歡唱，
選擇自由的喜悅，
一起步上自由的小徑吧。

從追求中解脫的自由，
從疼痛中解脫的自由，
從孤獨中解脫的自由。
從世上所有限制你的事物、欲望中解脫的自由。

自由！
自由！
自由！

身爲爸爸的宇宙正溫柔地，向你們招手。

到這裡來、到這裡來，你可以自由。
回到「我」的身邊！

今天，這一天，當下此刻，
「步上自由小徑」——
宣布這個生命做出的決定。
呼喚宇宙的聲音，配合大地安穩的心跳，
高聲吶喊吧！

宇宙的爸爸！我聽見了自由的鐘聲！
我聽見了你！
聲音穿越松樹林，
乘著吹過高山的風，
來到我的身邊！
就連深海也因為你而出現回音。
真是美麗的聲響。
因海、山、自由而喜悅、祝福，合而為一。

你的聲音之美包覆著我，
呼喚著我，
要我直直地步上通往自由之道，回到你身邊。

水滴

Dew Drops

看著流星劃過天際，
感受到時間分分秒秒移動的變化。

舉起手指頭，從一數到五，
感受到圍繞著我的宇宙，
是我的一部分。

宇宙在動，
旋轉的每個瞬間都在呈現生命，
呈現死亡逝去、生命誕生的這個瞬間。
成長、呈現，接著爆發——

生命週期是否不斷循環？

眨眼之間，生命已經產生變化。
碰觸「我」的水滴，呼吸。

生命就像水滴，
看見一切，選擇一切，
呈現一切，感受一切。

「我」在這個瞬間也是你。
「我」絕對不會離開你。

爲了活出「眞正的自己」，
你將擁有必要的生死週期。

偶爾，你會被記憶翻弄，
一心追求欲望。
「我」可能無法滿足，
你受記憶翻弄而出現的欲望。
那就是爲了讓你合而爲一，爲了讓你成爲「我」。

你，
總有一天會明白萬物皆爲一體。

當這成爲眞實，
你也將接受，
你與自己、他人，還有「我」都是一體，
顯現在萬有之中。

The Eurasian Publishing Group
圓神出版事業機構
用心與你對話・視野無限寬廣
方智出版社
Fine Press

http://www.booklife.com.tw
reader@mail.eurasian.com.tw

新時代 173

荷歐波諾波諾經典語錄

作　　者／莫兒娜・納拉瑪庫・西蒙那、伊賀列卡拉・修・藍、KR女士
譯　　者／賴庭筠
發 行 人／簡志忠
出 版 者／方智出版社股份有限公司
地　　址／台北市南京東路四段50號6樓之1
電　　話／（02）2579-6600・2579-8800・2570-3939
傳　　真／（02）2579-0338・2577-3220・2570-3636
郵撥帳號／13633081　方智出版社股份有限公司
總 編 輯／陳秋月
資深主編／賴良珠
責任編輯／賴良珠
美術編輯／劉鳳剛・王　琪
行銷企畫／吳幸芳・陳姵蒨
印務統籌／劉鳳剛・高榮祥
監　　印／高榮祥
校　　對／柳怡如
排　　版／陳采淇
經 銷 商／叩應股份有限公司
法律顧問／圓神出版事業機構法律顧問　蕭雄淋律師
印　　刷／祥峰印刷廠
2014年11月　初版
2023年12月　6刷

定價 280 元　ISBN 978-986-175-373-7

你本來就應該得到生命所必須給你的一切美好！
祕密，就是過去、現在和未來的一切解答。

——《The Secret 祕密》

國家圖書館出版品預行編目資料

荷歐波諾波諾經典語錄／莫兒娜．納拉瑪庫．西蒙那，伊賀列卡拉．修．藍，KR女士合著；賴庭筠 譯. -- 初版. -- 臺北市：方智，2014.11
184 面；14.8×16公分. --（新時代；173）
譯自：Dewdrops of wisdom
ISBN 978-986-175-373-7（軟精裝）
1.超心理學 2.心靈療法

175.9 103018737